T0335053

PLANTS PLANNER

GOALS

NOTES

PLANTS LOCATION

TOP PLANTS

1 ....
2 ....
3 ....
4 ....
5 ....
6 ....
7 ....
8 ....
9 ....
10 ....

CARE TIPS

Urban Jungle aims to be your own knowledge book to create a green space in your home.
By being more aware of the needs of your plants, you can take better control of watering, sunlighting and times to fertilize, helping them to grow healthy.

This journal includes descriptions of indoor and outdoor plants, data and tips, which will help you to choose them properly, have a good maintenance, and carry out a precise tracking to avoid watering and feeding them excessively. You can organize all the information and resources comfortably on these pages, creating your own top 10 with your favorite plants.

This book will become your own scrapbook, photo album and journal, allowing you to connect even more with your plants, and immortalize your daily interaction with them.

Urban Jungle pretende ser tu propio libro de conocimientos para crear un espacio verde en tu hogar.
Al ser más consciente de las necesidades de tus plantas, podrás llevar un mejor control sobre el riego, la luz y los tiempos para fertilizar, ayudando a que crezcan sanas.

Este journal, incluye descripciones de plantas de interior y exterior, datos y consejos, que te ayudarán a escogerlas correctamente, a tener un buen mantenimiento, y a realizar un seguimiento adecuado para evitar regar y alimentarlas en exceso. Podrás organizar toda la información y recursos cómodamente en estas páginas, creando tu propio top 10 con tus plantas favoritas.

Este libro se convertirá en tu propio scrapbook, álbum de fotos y diario, que te permitirá conectar aún más con tus plantas, e inmortalizar tu interacción diaria con ellas.

There are a great variety of hanging plants, of very different colors, shapes, sizes and textures. The ceiling is just one of the many places where you can hang them. Shelves, tables and in short, any place that allows them to display their long stems and grow, would also be a suitable place.

Existen una gran variedad de plantas colgantes, de colores, formas, tamaños y texturas muy diferentes. El techo, es sólo uno de los muchos lugares donde podrás colgarlas. Las estanterías, las mesas y en definitiva, cualquier lugar que les permita lucir sus largos tallos y crecer serían también un lugar idóneo.

Care Tips

It is good for the plant to receive moisture in its foliage with a water spray and clean the leaves with a damp cloth to remove the dust.

Es bueno para la planta recibir humedad en su follaje con un pulverizador de agua y limpiar las hojas con un paño húmedo para quitarles el polvo.

It is convenient to place it in a bright place: the more light it receives, the faster it grows.

Conviene ubicarlo en un lugar luminoso: cuanta más luz recibe, más rápido crecerá.

Water when, to the touch, the substrate feels dry. This is normally every 4 or 5 days in summer and every 10 or 12 in winter.

Regar cuando, al tacto, el sustrato se note seco. Normalmente cada 4 ó 5 días en verano y cada 10 ó 12 en invierno.

Between 15°C and 20°C
Entre los 15°C y 20°C

POTHOS

Due to its great capacity for adaptation and the little care it requires, devil's ivy is one of the most common plants in interior spaces. This plant purifies the environment, since it eliminates toxic substances such as formaldehyde, benzene and xylene.

Debido a su gran capacidad de adaptación y a las pocas atenciones que requiere, el poto es una de las plantas más comunes en espacios interiores. Purifica el ambiente, ya que elimina sustancias tóxicas como el formaldehído, el benceno y el xileno.

It is advisable to fertilize the substrate in which they are, and after a few years, move them to a bigger container.

Conviene fertilizar el sustrato en el que se encuentren, y después de unos años, trasplantarlos a un recipiente mayor.

The specimens provided with hairs or strong thorns require full sun; while others with few thorns and the succulents require a certain shade.

Las especies provistas de pelos o espinas fuertes requieren pleno sol; mientras que las especies con pocas espinas y las crasas requieren una cierta sombra.

It is advisable to water the cactus once a month in winter and once a week in summer.

Se aconseja regar los cactus una vez al mes en invierno y una vez a la semana en verano.

Above 20°C
Por encima de 20°C

CACTUS

Thorny, with fun shapes and excellent decorative accessories. They are among the most popular and easy care plants out there. The styling opportunities are endless. To get the best decoration, the secret is to combine different types of cactus, taking into account its texture, color and size.

Son espinosos, con formas divertidas y excelentes accesorios decorativos. Se encuentran entre las plantas más populares y fáciles de cuidar que existen. Para conseguir la mejor decoración, el secreto es combinar diferentes tipos de cactus, teniendo en cuenta su textura, color y tamaño.

For cactus, it is better to use clay pots or bowls, putting a drainage layer (volcanic earth, clay balls or gravel) in the bottom of the pot as well as another layer on the surface, which serves as a decorative element, and so that the base of the cactus is not directly in contact with the moist soil when it is watered.

Para los cactus, es mejor emplear macetas de barro o cuencos, poniendo en el fondo de la maceta una capa de drenaje (tierra volcánica, arlita o gravilla) así como otra capa en la superficie, que sirve como elemento decorativo y para que la base del cactus no esté directamente en contacto con la tierra húmeda cuando se riegue.

If they are exposed to drafts, there is a risk that they lose their leaves, their main decorative value. It is advisable to clean the leaves every two or three weeks with a damp cloth, in order to remove dust and dirt.

Si se exponen a corrientes de aire, existe el riesgo de que pierdan sus hojas, su principal valor decorativo. Conviene limpiar las hojas cada dos o tres semanas con un paño húmedo, con el fin de quitar el polvo y la suciedad.

We must choose a bright place, but not sunny. The semi-shade locations are the most suitable for the Adam's rib plant.

Debemos elegir un lugar luminoso, pero no soleado. Las ubicaciones en semisombra son las más adecuadas para la costilla de Adán.

This plant needs to be watered frequently. It is necessary to avoid that its substrate dries, but without flooding it, so it is recommended to touch the earth and water it a little when we find that it has lost part of its humidity.

Esta planta requiere ser regada con frecuencia. Hay que evitar que su sustrato se seque, pero sin encharcarlo, por lo que es recomendable tocar la tierra y regar un poco cuando veamos que ha perdido parte de su humedad.

Between 15°C and 20°C
Entre los 15°C y 20°C

MONSTERA

The Monstera has large glossy leaves with deep cuts. This is probably one of the most popular houseplants. Its appearance has earned it many interesting common names such as Adam's rib and Swiss cheese plant.

La Monstera tiene hojas grandes y brillantes con muescas. Es probablemente una de las plantas de interior más populares. Su aspecto le ha valido nombres más comunes como la costilla de Adán y la planta de queso suizo.

The monstera need certain doses of humidity. We should not water it excessively, but sprinkle its shiny leaves from time to time.

La monstera necesitará siempre de ciertas dosis de humedad.
No debemos regarla en exceso pero sí rociar sus grandes y brillantes hojas de vez en cuando.

Once you have decided the ideal place for your plant, it is advisable to keep it in the same place and not move it again. The effort to adapt to a new habitat removes vitality from the plant.

Una vez que hayas determinado el lugar idóneo para tu planta, es recomendable mantenerla en el mismo sitio y no moverla de nuevo. El esfuerzo de adaptarse a un nuevo hábitat le resta mucha vitalidad a la planta.

It adapts very well to low light conditions, however you should try to provide it with as much natural light as possible.

Se adapta muy bien a condiciones de poca luz, pero se debe procurar que le dé la mayor cantidad posible de luz natural.

They need little watering: twice a week in summer and once in winter. Make sure the soil is dry before watering again.

Necesitan poco riego: dos veces por semana en verano y una en invierno. Asegúrate de que la tierra esté seca antes de regar de nuevo.

Between 13°C and 24°C
Entre los 13°C y 24°C

FICUS

A fiddle fig tree, native to the rainforests of western and central Africa, it thrives in warm and humid environments. The fiddle fig tree has won its way into home decoration thanks, in part, to its impressive large, wavy leaves.

Una higuera de hojas de violín, también llamada ficus lira, originaria de las selvas tropicales de África occidental, crece en ambientes cálidos y húmedos. El ficus lira se ha impuesto en la decoración del hogar gracias a sus impresionantes hojas grandes y onduladas.

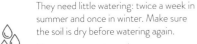

You will have to transplant it if the roots start to come out of the drainage holes. Use a good soil for indoor pot, not garden soil.

Deberás trasplantarla si las raíces empiezan a salir de los hoyos de drenaje. Usa una buena tierra para macetas de interiores, no tierra de jardín.

With fluorescent light or other lighting it will have enough light to grow well. If you place it in a window, rotate the pot weekly so that it is exposed to light evenly.

Con luz fluorescente u otra iluminación tendrá la luz suficiente para crecer bien. Si la colocas en una ventana, gira la maceta semanalmente para que se exponga a la luz de manera uniforme.

Water the plant when the soil is dry to prevent the root from rotting, try to keep the water away from the center of the cluster of leaves.

Riega la planta cuando la tierra esté seca para evitar que la raíz se pudra, procura mantener el agua lejos del centro del cúmulo de hojas.

Between 5°C and 30°C
Entre los 5°C y 30°C

SANSEVIERIA

The Sansevieria, is one of the easiest indoor plants to care for because it can survive in low light and doesn't need much water.
Originally from West Africa , it is also called "Snake Plant" because of the shape of its leaves: sharp and pointed, intensely green with yellow edges on the side. A natural arrangement of shades that makes it look great anywhere.

La Sansevieria es una de las plantas de interior más fáciles de cuidar, ya que puede sobrevivir con poca luz y no necesita mucha agua.
Originaria del oeste de África, también llamada «planta de serpiente» por la forma de sus hojas: afiladas y acabadas en punta, intensamente verdes con filos amarillos en los costados. Una disposición natural de tonos que hace que quede a la perfección en cualquier lugar.

If it is indoor, it is necessary to spray the ball of moss and the plant to counteract the excessively dry environment of the room.

Si es de interior, es necesario pulverizar la bola de musgo y la planta para contrarrestar el ambiente excesivamente seco de la estancia.

Place it in a bright room, but far from the direct sunlight.

Colocar en una estancia luminosa, pero lejos de la luz solar directa.

They are watered by immersion. Whenever possible, use non-chlorinated water.

Se riegan por inmersión. Siempre que sea posible, utiliza agua no clorada.

Between 21ºC and 27ºC.
Entre 21ºC y 27ºC.

KOKEDAMA

Kokedama —or moss ball in Japanese— is a gardening and decorating idea that creates instant visual appeal especially when suspended. Kokedama can also be displayed in dishes or in terrariums, taking plant decoration to another level.

Kokedama -o esfera de musgo en japonés- es una idea de jardinería y decoración que crea un atractivo visual instantáneo, especialmente cuando está suspendida. El kokedama también se puede exhibir en recipientes o en terrarios, elevando la decoración vegetal a un nivel completamente nuevo.

MY tiny GARDEN

DIY

CREATE YOUR OWN TERRARIUM:

MATERIALS

- A container (preferably glass)
- Plants (that need the same tending, we recommend succulents and cacti)
- In the base you can use hay, moss, tree bark, fertilized soil, gravel or decorative stones... (you can buy them in any plant nursery)

STEPS

1. Create the base inside the container in layers, one with pieces of moss and another with a bit of hay, so that it is well distributed.

2. Remove the excess soil from the roots, so that they adapt well.

3. Accommodate your plants, make a hole in the ground where you want to place them (we recommend placing the largest ones in the back). Now add pieces of bark around them to strengthen their stability, and once you have all the plants in place, create another layer of hay to protect them.

4. Water the plants a little and... congratulations! You already have your terrarium.

CREA TU TERRARIO:

MATERIALES

- Un contenedor (de vidrio preferentemente)
- Plantas (que necesiten el mismo cuidado, recomendamos suculentas y cactáceas)
- Para la base puedes utilizar heno, musgo, corteza de árbol, tierra abonada, gravilla o piedras decorativas... (se pueden comprar en cualquier vivero)

PASOS

1. Haz la base dentro del contenedor por capas, una con trozos de musgo y otra con un poco de heno, de manera que quede bien distribuido.

2. Quita la tierra que sobra de las raíces, para que se adapten bien.

3. Acomoda tus plantas, haz un hueco en la base para colocarlas (recomendamos poner las más grandes en la parte trasera), una vez colocadas ponles alrededor trozos de corteza para fortalecer su estabilidad, y una vez tengas todas las plantas en su sitio, vuelve a poner otra capa de heno para protegerlas.

4. Riega un poco las plantas y ¡enhorabuena, ya tienes tu terrario!

AN

le

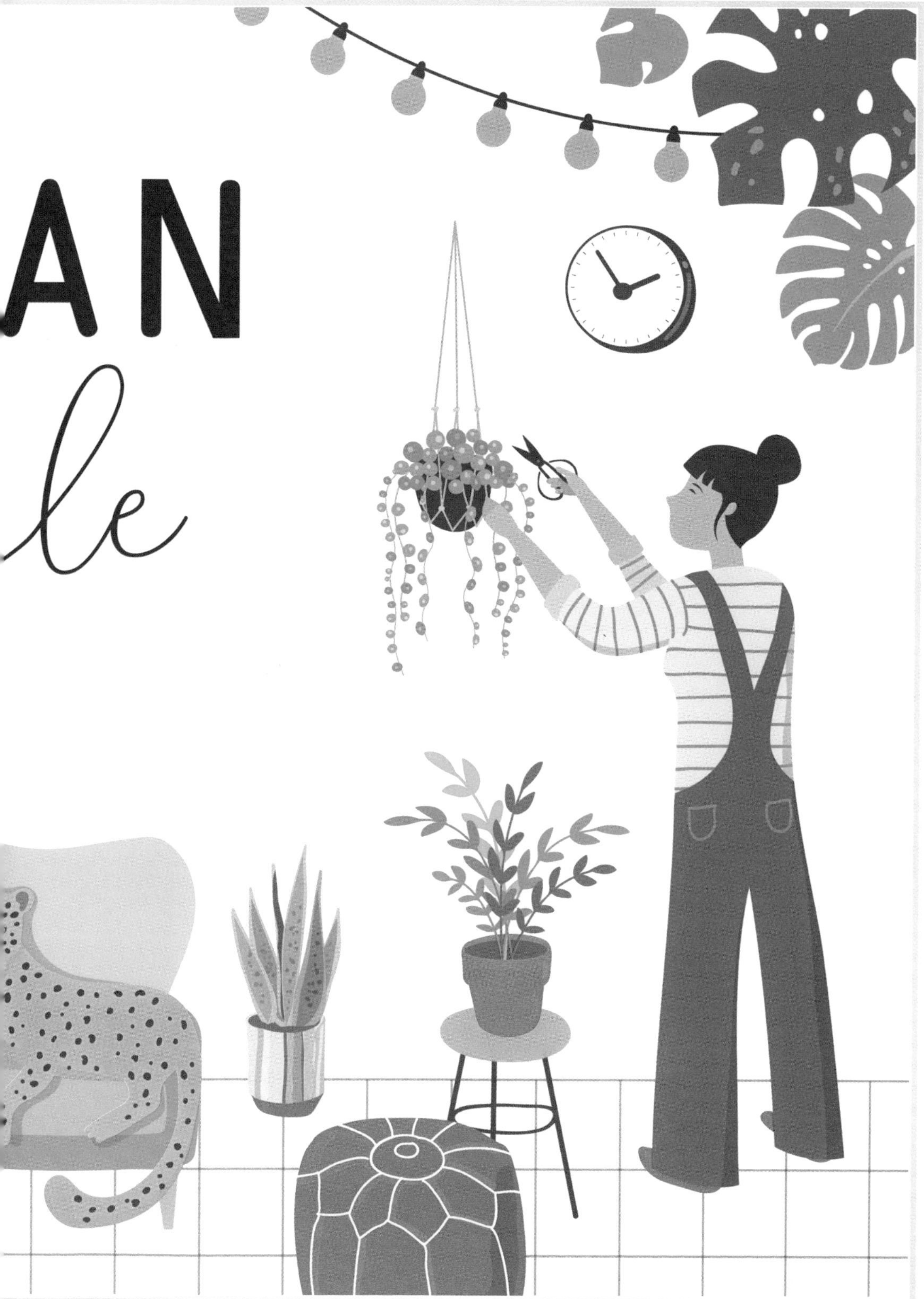

PLANT LOG

PLANT NAME: . . . .

SUNLIGHT

☐ LOW
☐ PARTIAL
☐ DIRECT

BEST LOCATION

WATER

☐
☐
☐

FREQUENCY

FERTILIZER

TYPE & USE

FREQUENCY

INDOOR PLANTS

PLANT LOG

PLANT LOG

PLANT NAME

SUNLIGHT

- [ ] LOW
- [ ] PARTIAL
- [ ] DIRECT

BEST LOCATION

WATER

- [ ] 
- [ ] 
- [ ]

FREQUENCY

FERTILIZER

TYPE & USE

FREQUENCY

INDOOR PLANTS

PLANT LOG

CARE NOTES

PLANT LOG

PLANT NAME: . . . .

SUNLIGHT

- ☐ LOW
- ☐ PARTIAL
- ☐ DIRECT

BEST LOCATION

WATER

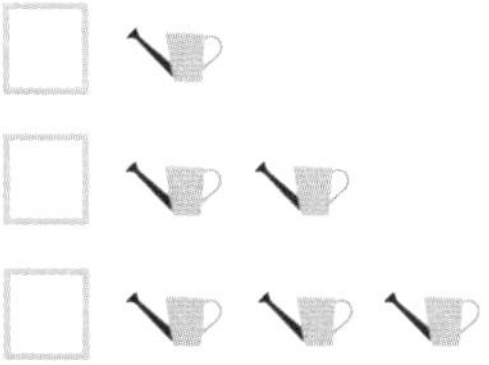

- ☐
- ☐
- ☐

FREQUENCY

FERTILIZER

TYPE & USE

FREQUENCY

PLANT LOG

CARE NOTES

PLANT LOG

PLANT NAME:

SUNLIGHT

- [ ] LOW
- [ ] PARTIAL
- [ ] DIRECT

BEST LOCATION

WATER

- [ ]
- [ ]
- [ ]

FREQUENCY

FERTILIZER

TYPE & USE

FREQUENCY

INDOOR PLANTS

PLANT LOG

CARE NOTES

PLANT LOG

PLANT NAME: . . . .

SUNLIGHT

- ☐ LOW
- ☐ PARTIAL
- ☐ DIRECT

BEST LOCATION

WATER

- ☐
- ☐
- ☐

FREQUENCY

FERTILIZER

TYPE & USE

FREQUENCY

PLANT LOG

CARE NOTES

PLANT LOG

PLANT NAME:

SUNLIGHT

☐ LOW
☐ PARTIAL
☐ DIRECT

BEST LOCATION

WATER

☐
☐
☐

FREQUENCY

FERTILIZER

TYPE & USE

FREQUENCY

PLANT LOG

CARE NOTES

PLANT LOG

PLANT NAME: . . . .

SUNLIGHT

- [ ] LOW
- [ ] PARTIAL
- [ ] DIRECT

BEST LOCATION

WATER

- [ ]
- [ ]
- [ ]

FREQUENCY

FERTILIZER

TYPE & USE

FREQUENCY

PLANT LOG

CARE NOTES

PLANT LOG

PLANT NAME: . . . .

SUNLIGHT

- ☐ LOW
- ☐ PARTIAL
- ☐ DIRECT

BEST LOCATION

. . . .
. . . .
. . . .

WATER

- ☐
- ☐
- ☐

FREQUENCY

. . . .
. . . .
. . . .

FERTILIZER

TYPE & USE

. . . .
. . . .

FREQUENCY . . . .

INDOOR PLANTS

PLANT LOG

CARE NOTES

PLANT LOG

PLANT NAME: . . . .

SUNLIGHT

☐ LOW

☐ PARTIAL

☐ DIRECT

BEST LOCATION

WATER

☐

☐

☐

FREQUENCY

FERTILIZER

TYPE & USE

FREQUENCY

INDOOR PLANTS

PLANT LOG

CARE NOTES

PLANT LOG

PLANT NAME . . . .

SUNLIGHT

- ☐ LOW
- ☐ PARTIAL
- ☐ DIRECT

BEST LOCATION

WATER

- ☐
- ☐
- ☐

FREQUENCY

FERTILIZER

TYPE & USE

FREQUENCY

INDOOR PLANTS

PLANT LOG

CARE NOTES

Geraniums are one of the most popular flowering plants for outdoors. They are easy to care for, and add a bright splash of color to any space.

Los geranios son de las plantas con flores más populares para exteriores. Son fáciles de cuidar, y añaden un toque de color brillante a cualquier espacio.

Geraniums love the sun, they can be in the sun for more than six hours at a time, although depending on how hot the environment is, they may need a certain amount of shade.

Los geranios aman el sol, pueden estar más de seis horas seguidas al sol, aunque dependiendo de lo caluroso del ambiente, pueden necesitar cierta cantidad de sombra.

It is advisable to let the soil dry out before watering again, and ensure good drainage to prevent the root from rotting.

Es recomendable dejar secar la tierra antes de volver a regar, y asegurarse de un buen drenaje para evitar que la raíz se pudra.

Between 15ºC and 20ºC
Entre los 15ºC y 20ºC

GERANIUMS

There are many different species of geraniums, so there is a wide range of leaf sizes and shapes to choose from. They also have a wide variety of colors, including pink, white, purple, red, and orange.

Hay muchas especies diferentes de geranios, por lo que existe una amplia gama de tamaños y formas de hojas para elegir. Además poseen una gran variedad de colores, que incluyen rosa, blanco, morado, rojo y naranja.

To stimulate a proper development of a palm tree, the ideal would be to keep it in places with a constant and stable temperature.

Para favorecer el adecuado desarrollo de una palmera, lo ideal es mantenerla en lugares con una temperatura constante y estable.

Palm trees are tropical and subtropical plants, so they need light to grow healthy.

Las palmeras son plantas tropicales y subtropicales, por lo que necesitan luz para crecer saludables.

Palm trees need more water early in their development. After establishing on the ground, they can be watered only once a week.

Las palmeras necesitan mayor cantidad de agua al principio de su desarrollo. Una vez establecidas sobre el terreno, se pueden regar sólo una vez por semana.

Between 20°C and 25°C
Entre los 20°C y 25°C

PALM TREE

They are the best option to turn a garden or terrace into a piece of jungle. Palm trees are incredible plants, with minimal maintenance, and due to their intense green, they will provide relaxation to the space where they are placed.

Son la mejor opción para convertir un jardín o terraza en un pedacito de jungla. Las palmeras son unas plantas increíbles, con un mantenimiento mínimo, que aportarán su intenso verde y dotarán de relax al espacio donde se coloquen.

Pruning is one of the most important care of the lavender, this should never exceed half the size of the plant.

Be careful! If it is fertilized too much this can cause the lavender to lose its spectacular aroma.

La poda es uno de los cuidados más importantes de la lavanda, esta nunca debe superar la mitad del tamaño de la planta.

¡Alerta! Si se fertiliza demasiado puede provocar que la lavanda pierda su espectacular aroma.

It needs a lot of light and direct sunlight.

Necesita mucha luz y sol directo.

Lavender requires little watering. In the warm months it is recommended water once a week, making sure the substrate is dry.

La lavanda requiere poco riego. En los meses de calor se recomienda regarla una vez a la semana, siempre que el sustrato esté seco.

Between 15°C and 20°C

Entre los 15°C y 20°C

LAVENDER

Lavender is a purple-colored plant, native to some areas of Europe and North Africa. It is commonly used in cosmetics, essential oils, and perfumes. Many people believe that lavender has calming effects and some claim that it helps with problems such as insomnia, anxiety, and depression.

La lavanda es una planta de color violeta, originaria de algunas zonas de Europa y del norte de África. Se usa comúnmente en cosméticos, aceites esenciales y perfumes. Mucha gente cree que la lavanda tiene efectos calmantes y algunos afirman que ayuda con problemas como el insomnio, la ansiedad y la depresión.

Aromatic herbs are one of the few plants that can live for several years in the same pot, without having to transplant them.

Las hierbas aromáticas son de las pocas plantas que pueden vivir durante varios años en la misma maceta, sin necesidad de trasplantarlas.

Basic maintenance care consists of trying to maintain a warm temperature. In addition, these plants are often used in coastal areas since they can withstand strong winds.

Los cuidados básicos para el mantenimiento consisten en intentar mantener una temperatura cálida. Además, estas plantas se suelen utilizar mucho en zonas costeras ya que resisten muy bien el viento.

Direct sunlight for three or four hours a day.

Luz solar directa entre tres o cuatro horas diarias.

It needs moderate watering and normal humidity.

Necesita de riego moderado y humedad normal.

Between 12°C and 25°C

Entre los 12°C y 25°C

STRELITZIA REGINAE

Strelitzia Reginae is a tropical plant with very showy flowers. These flowers open in a fan shape, looking like an exotic or tropical bird.
When the flower wilts, it is important to make a cut from the base to remove the withered part and help more flowers to come out again.

La Strelitzia Reginae es una planta tropical con unas flores muy llamativas. Estas flores, se abren en forma de abanico y suelen adoptar una forma parecida a la de un ave exótica o tropical.
Cuando la flor se marchita, es importante realizar un corte desde la base para eliminar la parte mustia, y así ayudar a que vuelvan a salir más flores.

Thanks to their great adaptability, they are very resistant.

Gracias a su gran facultad de adaptación, son muy resistentes.

Most ornamental grasses do especially well in the sun.

A la mayoría de las hierbas ornamentales les va especialmente bien el sol.

As a general rule, it should be watered moderately, without allowing the soil to dry out.

Como regla general, se debe regar moderadamente, sin permitir que la tierra se seque.

Between 15°C and 20°C
Entre los 15°C y 20°C

GRAMINEAE

Ornamental grasses are plants with long and narrow leaves, their spike-shaped flowers are their distinctive feature. Their diverse shapes and colors make these plants very popular on balconies and terraces.

Las gramíneas ornamentales son plantas de largas y estrechas hojas, sus flores en forma de espiga son sus rasgos distintivos. Sus variadas formas y colores hacen de estas plantas especies muy populares en los balcones y terrazas.

By pruning you can get a much more compact and dense plant and stronger stems. Trim the tips 1 or 2 times a year, in summer or when changing the pot.

Mediante la poda se puede obtener una planta mucho más compacta y densa, con unos tallos más fuertes. Recortar las puntas 1 ó 2 veces al año, en verano o cuando vayamos a cambiar de maceta.

It grows best in lots of light, but being careful with direct sunlight.

Crece mejor con mucha luz solar, pero teniendo cuidado con la luz directa.

They do not need too much water, so we will water every other day in summer and once a day in winter.

No necesitan mucha cantidad de agua, por lo que regaremos cada dos días en verano y en invierno una vez al día.

Ideally, the temperature must be between 12° C and 20° C.

La temperatura ideal está entre los 12° C y los 20° C

HEDERA

This plant with beautiful green leaves on the outside covers facades creating beautiful "green" walls. They are also very suitable for hanging baskets.

Esta planta de bonitas hojas verdes cubre fachadas y paredes creando preciosos muros "vegetales". También son muy adecuadas para ponerlas en macetas colgantes.

FLOWERS & TEA

GROUPING PLANTS

Plants and pots give value to each other. A beautiful plant needs a nice pot and vice versa. Choosing the right style, shape and material is key to achieving a more remarkable visual effect. Making beautiful plant compositions can contribute to the separation of areas, just as room dividers, furniture or carpets would.

Las plantas y las macetas se dan valor mutuamente. Una planta hermosa necesita una maceta bonita y viceversa. Elegir el estilo, la forma y el material adecuado es clave para conseguir un efecto visual más notable. Realizar magníficas composiciones de plantas puede contribuir a la separación de áreas, al igual que lo harían mamparas, muebles o alfombras.

HANGING BASKETS

Hanging baskets with plants are a wonderful decorative resource for the porch, terrace or balcony of our house.

Las cestas colgantes con plantas son un magnífico recurso decorativo para el porche, la terraza o el balcón de nuestra casa.

PLANTING TABLES

Planting tables, trays, and germinating boxes of vegetables and aromatic herbs are ideal for those with a green thumb, enjoying the care of plants as much as what they produce.

Las mesas de trabajo, bandejas y cajas de germinación de verduras y hierbas aromáticas son ideales para aquellos con conciencia ecológica que disfrutan tanto del cuidado de las plantas como de lo que éstas producen.

PLANT LOG

PLANT NAME: . . . .

SUNLIGHT

☐ LOW

☐ PARTIAL

☐ DIRECT

BEST LOCATION

WATER

☐

☐

☐

FREQUENCY

FERTILIZER

TYPE & USE

FREQUENCY

OUTDOOR PLANTS

CARE NOTES

PLANT LOG

PLANT NAME: . . . .

SUNLIGHT

☐ LOW
☐ PARTIAL
☐ DIRECT

BEST LOCATION

WATER

☐
☐
☐

FREQUENCY

FERTILIZER

TYPE & USE

FREQUENCY

PLANT LOG

CARE NOTES

PLANT LOG

PLANT NAME:

SUNLIGHT

- [ ] LOW
- [ ] PARTIAL
- [ ] DIRECT

BEST LOCATION

WATER

- [ ]
- [ ]
- [ ]

FREQUENCY

FERTILIZER

TYPE & USE

FREQUENCY

OUTDOOR PLANTS

PLANT LOG

CARE NOTES

PLANT LOG

PLANT NAME: . . . .

SUNLIGHT

☐ LOW

☐ PARTIAL

☐ DIRECT

BEST LOCATION

WATER

☐

☐

☐

FREQUENCY

FERTILIZER

TYPE & USE

FREQUENCY

PLANT LOG

PLANT NAME:

SUNLIGHT

- [ ] LOW
- [ ] PARTIAL
- [ ] DIRECT

BEST LOCATION

WATER

- [ ]
- [ ]
- [ ]

FREQUENCY

FERTILIZER

TYPE & USE

FREQUENCY

OUTDOOR PLANTS

PLANT LOG

CARE NOTES

PLANT LOG

PLANT NAME: . . . .

SUNLIGHT

☐ LOW
☐ PARTIAL
☐ DIRECT

BEST LOCATION

WATER

☐
☐
☐

FREQUENCY

FERTILIZER

TYPE & USE

FREQUENCY

OUTDOOR PLANTS

PLANT LOG

CARE NOTES

PLANT LOG

PLANT NAME: . . . .

SUNLIGHT

☐ LOW

☐ PARTIAL

☐ DIRECT

BEST LOCATION

WATER

☐

☐

☐

FREQUENCY

FERTILIZER

TYPE & USE

FREQUENCY

OUTDOOR PLANTS

PLANT LOG

CARE NOTES

PLANT LOG

PLANT NAME: . . . .

SUNLIGHT

☐ LOW

☐ PARTIAL

☐ DIRECT

BEST LOCATION

WATER

☐

☐

☐

FREQUENCY

FERTILIZER

TYPE & USE

FREQUENCY

OUTDOOR PLANTS

CARE NOTES

PLANT LOG

PLANT NAME: . . . .

SUNLIGHT

☐ LOW
☐ PARTIAL
☐ DIRECT

BEST LOCATION

WATER

☐
☐
☐

FREQUENCY

FERTILIZER

TYPE & USE

FREQUENCY

PLANT LOG

CARE NOTES

PLANT LOG

PLANT NAME: . . . .

SUNLIGHT

- [ ] LOW
- [ ] PARTIAL
- [ ] DIRECT

BEST LOCATION

WATER

- [ ]
- [ ]
- [ ]

FREQUENCY

FERTILIZER

TYPE & USE

FREQUENCY

OUTDOOR PLANTS

PLANT LOG

CARE NOTES

OUTDOOR PLANTS